"Enigma en el Valle de los Reyes:

El Asombroso Descubrimiento de Tutankamón"

I0767648

Capítulo 1: El Enigma del Faraón Olvidado

En la cálida tarde del 4 de noviembre de 1922, en el Valle de los Reyes, una emoción inusual yace en el aire. Un hombre, con el polvo del desierto impregnado en su ropa de arqueólogo, mira fijamente a la entrada de una escalera que desciende a las entrañas de la tierra. Ese hombre es Howard Carter, y lo que está a punto de descubrir cambiará la historia y deslumbrará al mundo.

La tumba que se encuentra ante sus ojos ha permanecido oculta durante más de tres milenios, albergando secretos de un faraón que, en su época, fue apenas una sombra en la historia antigua de Egipto. Tutankamón, el niño rey, fue olvidado por el tiempo, pero ahora, en este momento trascendental, está a punto de resurgir de las sombras.

Este es el relato de cómo un equipo de intrépidos arqueólogos desenterró la tumba perdida de Tutankamón, devolviendo a la vida al joven faraón y sus maravillas sepultadas. Únete a nosotros en un viaje a través del tiempo, a medida que descubrimos los secretos enterrados en las arenas del antiguo Egipto, revelando la magnificencia de un rey cuyo nombre resonará para siempre en la historia.

Capítulo 2: Las Sombras del Pasado

En las semanas que precedieron al descubrimiento, el Valle de los Reyes se convirtió en un escenario de anticipación y expectación. Carter, con su firme convicción en la presencia de la tumba perdida, lideraba una expedición que desafiaba la paciencia del tiempo y la naturaleza.

Las herramientas resonaban contra las rocas mientras el equipo de arqueólogos trabajaba con meticulosidad, desenterrando capas de historia acumuladas durante milenios. Cada fragmento de cerámica, cada inscripción desgastada, era un eslabón que los acercaba al enigma del Faraón Tutankamón.

La noticia del empeño de Carter se extendió más allá del valle, alcanzando oídos de eruditos, aventureros y curiosos por igual. Mientras el sol descendía tras las colinas, el aire vibraba con la promesa de un descubrimiento extraordinario.

Dentro del campamento arqueológico, las noches traían consigo conversaciones susurradas. Teorías y especulaciones flotaban en el aire, tan densas como el polvo que cubría las tiendas. La sombra de

Tutankamón se alzaba, desafiando al olvido con cada nueva palada de tierra removida.

En el corazón del Valle de los Reyes, la emoción y la incertidumbre se entrelazaban. La búsqueda de la tumba perdida se convertía en una danza entre el pasado y el presente, donde las esperanzas y los temores convergían en la oscura entrada que Carter había descubierto. El enigma del faraón olvidado estaba a punto de desvelarse, pero aún quedaba un velo entre el explorador y el secreto que yacía en la profundidad de la tierra.

Capítulo 3: La Puerta al Pasado

A medida que las excavaciones avanzaban, cada capa de tierra removida revelaba más que simples vestigios arqueológicos. Se revelaban historias entrelazadas, fragmentos de cerámica con inscripciones que susurraban nombres y leyendas olvidadas. Tutankamón, aunque efímero en su reinado, emergía con fuerza renovada.

La escalera que llevaba al corazón de la tumba parecía una puerta entre dos mundos, un portal a la antigüedad. Carter, con una mezcla de emoción y reverencia, descendió los escalones desgastados. El aire húmedo del interior contrastaba con la sequedad del desierto, y a medida que se adentraba, las paredes de piedra se cerraban en torno a él como las páginas de un libro antiguo.

A la luz de antorchas, el equipo de arqueólogos avanzaba cautelosamente, desvelando salas y pasadizos que no habían visto la luz en siglos. La arquitectura impecable, las pinturas murales y los tesoros cuidadosamente colocados narraban la vida y la muerte del faraón. Tutankamón, en su eternidad silente, resurgía con cada hallazgo.

Entre las sombras de la tumba, la magnitud del descubrimiento comenzaba a asentarse. Carter, con la linterna en mano, iluminaba un sarcófago en el rincón más recóndito de la sala principal. El pulso del equipo se aceleraba, y el enigma que envolvía al faraón olvidado se materializaba en cada detalle tallado.

En el tercer capítulo de esta fascinante odisea, la tumba de Tutankamón se revela como una cápsula del tiempo. Los pasillos estrechos y las salas majestuosas despiertan la imaginación de los arqueólogos, mientras el misterio se despliega ante sus ojos. La puerta al pasado está entreabierta, y el legado de Tutankamón aguarda para ser descifrado.

Capítulo 4: El Rostro del Faraón Resurge

El aire en la cámara mortuoria se volvía denso, impregnado de la solemnidad que solo la tumba de un faraón podía evocar. Frente a ellos, el sarcófago de Tutankamón reposaba como un testigo silente de siglos pasados. Carter, con manos temblorosas por la emoción, contemplaba la obra maestra funeraria que se revelaba ante sus ojos.

Con delicadeza y reverencia, los arqueólogos abrieron el sarcófago, liberando el rostro de Tutankamón del yugo del tiempo. Ante ellos, el faraón olvidado resurgía en una paz que solo la muerte podía otorgar. El oro y las piedras preciosas que envolvían su cuerpo eran testimonio de la creencia en la vida después de la muerte.

En el silencio de la cámara, Carter y su equipo se encontraron cara a cara con un joven rey que desafiaba la obscuridad del olvido. El rostro de Tutankamón, inmortalizado en oro y piedras semipreciosas, revelaba la serenidad de quien había gobernado en un tiempo distante.

Las paredes de la tumba, adornadas con jeroglíficos que contaban la historia de la vida y muerte del faraón, parecían cobrar vida. Las sombras de los escribas del antiguo Egipto danzaban en las paredes, narrando la epopeya de un faraón que había sido testigo de conspiraciones, desafíos y un reinado breve pero eterno en el corazón de la memoria.

En este capítulo, el rostro de Tutankamón resurge de las sombras, y la cámara mortuoria se convierte en un escenario donde el faraón se encuentra cara a cara con los exploradores modernos. El misterio se profundiza a medida que los detalles del antiguo reinado cobran vida en cada rincón de la tumba.

Capítulo 5: El Tesoro de los Faraones Desvelado

Con el rostro del joven faraón iluminando la cámara, la expedición se embarcó en la exploración de las antecámaras y pasajes secretos que aún aguardaban revelaciones. A medida que avanzaban, el brillo de los tesoros funerarios de Tutankamón se reflejaba en los ojos de los arqueólogos, quienes se encontraban ante una riqueza que desafiaba la imaginación.

La cámara del tesoro, llena de objetos suntuosos y reliquias sagradas, era un testimonio de la creencia en la vida después de la muerte. Esculturas de oro, joyas finamente talladas y ofrendas preciosas colmaban los estantes y nichos. Cada pieza, meticulosamente colocada, contaba una historia de devoción y preparación para el más allá.

En el centro de la sala, un trono dorado descansaba majestuosamente, recordando al faraón que alguna vez gobernó con brevedad pero con grandeza. A su alrededor, los guardianes de piedra, estatuas que custodiaban el camino hacia la eternidad, observaban en silencio como testigos silenciosos del legado que se había vuelto a descubrir.

Carter, junto con su equipo, se sumergió en el análisis de cada tesoro, desentrañando los significados detrás de las ofrendas funerarias. Cada amuleto, cada joya, parecía contar una historia única, revelando más capas del misterio que envolvía la vida y la muerte de Tutankamón.

En el quinto capítulo, el tesoro de los faraones se desvela en todo su esplendor. La cámara del tesoro se convierte en un testamento de la creencia en la vida después de la muerte y la extraordinaria riqueza que acompañaría al faraón en su viaje al más allá. El equipo de arqueólogos se sumerge en el análisis de cada objeto, desentrañando los secretos ocultos en el brillo del oro antiguo.

Capítulo 6: El Legado de Tutankamón en el Siglo XXI

A medida que la noticia del descubrimiento de la tumba de Tutankamón se extendía por el mundo, la atención de la humanidad se centraba en este faraón olvidado. La magia del antiguo Egipto resurgía en la conciencia global, y la figura de Tutankamón se elevaba del polvo de la historia para ocupar un lugar destacado en la cultura contemporánea.

Expediciones adicionales y estudios exhaustivos se llevaron a cabo para comprender completamente la vida y el reinado de Tutankamón. Expertos de diversas disciplinas se sumergieron en el legado del faraón, desentrañando los misterios de su familia, su salud y su impacto en la historia egipcia.

Museos de todo el mundo albergaron exposiciones dedicadas al tesoro de Tutankamón, llevando las maravillas del antiguo Egipto a millones de personas que, de otra manera, nunca habrían tenido la oportunidad de presenciar la magnificencia de este descubrimiento arqueológico.

Capítulo 7: Desafíos y Controversias en la Sombra de Tutankamón

El legado de Tutankamón, aunque monumental, no estuvo exento de desafíos y controversias que surgieron a medida que la historia se desenvolvía en la luz del siglo XX. A medida que el mundo se maravillaba con las maravillas descubiertas en su tumba, surgieron debates sobre la ética de la excavación arqueológica y la gestión de los tesoros de la antigüedad.

La disputa por la autenticidad de algunos artefactos y la acusación de que ciertos objetos habían sido saqueados en la antigüedad arrojaron sombras sobre el descubrimiento de la tumba de Tutankamón. A pesar de la magnificencia de los tesoros, la comunidad arqueológica se enfrentó a preguntas difíciles sobre la preservación adecuada y la interpretación correcta de los hallazgos.

Además, la llamada "maldición del faraón" se convirtió en un tema de especulación popular. La muerte de algunos miembros del equipo de excavación en circunstancias misteriosas llevó a la creación de narrativas que alimentaron la creencia en una maldición asociada con perturbar la tumba de Tutankamón.

Capítulo 8: En la Sombra de los Faraones: Reflexiones Finales

A medida que cerramos las páginas de este relato, nos sumergimos en las sombras que persisten en la estela del descubrimiento de Tutankamón. La historia de este faraón olvidado ha sido un viaje a través del tiempo, desde el momento en que Howard Carter vislumbró la escalera que descendía hacia lo desconocido hasta la preservación del legado de Tutankamón en la era moderna.

En la conclusión de este relato, reflexionamos sobre las lecciones que hemos aprendido y las preguntas que aún perduran. ¿Cómo podemos equilibrar el deseo de descubrimiento con la necesidad de preservar el pasado? ¿Cuál es la verdadera historia detrás de Tutankamón y cómo continuará evolucionando en el futuro?

Exploramos no solo los tesoros resplandecientes que salieron a la luz, sino también las sombras que arrojaron dudas y controversias sobre la ética de la arqueología. La "maldición del faraón" se desvanece en comparación con la misteriosa naturaleza del pasado, dejándonos con la certeza de que siempre habrá más preguntas que respuestas.

En esta última mirada, nos sumergimos en las sombras de Tutankamón, donde los desafíos y las maravillas se entrelazan en una narrativa que trasciende el tiempo. Las luces y las sombras, las certezas y las incertidumbres, se unen en la historia de este faraón, un recordatorio de que la exploración del pasado es un viaje continuo que nunca se detiene.

Capítulo 9: El Resplandor del Faraón en el Mundo Moderno

La historia de Tutankamón, una vez oculta en las arenas del tiempo, ha emergido para iluminar el siglo XXI. Exposiciones impresionantes han llevado las maravillas del antiguo Egipto a ciudades cosmopolitas, permitiendo que el resplandor del faraón llegue a miles de personas que, de otro modo, nunca se aventurarían en las tierras de los faraones.

Museos emblemáticos, desde el Louvre hasta el Metropolitan Museum of Art, han acogido exhibiciones que han llevado a los visitantes en un viaje a través de la historia antigua. Las joyas resplandecientes, las máscaras funerarias y los tesoros de Tutankamón han sido admirados por multitudes que se maravillan ante la destreza artística y la ingeniería de una civilización que floreció hace milenios.

Este capítulo explora cómo el resplandor del faraón ha transcendido las fronteras culturales, dejando una marca indeleble en el arte, la moda y la arquitectura contemporáneos. Desde la moda hasta las joyas de diseño, la influencia de Tutankamón persiste en el mundo moderno, recordándonos que la antigüedad aún puede inspirar la creatividad del presente.

Capítulo 10: Las Voces Olvidadas del Pasado

Mientras la atención del mundo se centra en la figura majestuosa de Tutankamón, es crucial recordar que tras cada faraón hay un coro de voces olvidadas, las historias anónimas que tejieron el tapiz de la vida cotidiana en el antiguo Egipto.

Este capítulo se adentra en las vidas de aquellos cuyas contribuciones a menudo han quedado eclipsadas por la grandiosidad de la realeza. Las voces de los artesanos, campesinos, sacerdotes y mujeres comunes resuenan en el tiempo, revelando los matices de una sociedad compleja y diversa.

A través de cartas, inscripciones y artefactos cotidianos, exploramos las creencias, tradiciones y desafíos que dieron forma a la vida de aquellos que vivieron en las orillas del Nilo. ¿Cómo experimentaron la grandeza de las pirámides, la fertilidad del río y las incertidumbres de la existencia diaria?

Este capítulo es un homenaje a las voces olvidadas, un esfuerzo por rescatar del olvido a aquellos que caminaron por las calles polvorientas de las antiguas ciudades egipcias, cuyas vidas y contribuciones han quedado grabadas en los vestigios de su tiempo.

Capítulo 11: Los Enigmas No Resueltos de Tutankamón

Aunque la tumba de Tutankamón ha sido desenterrada y sus tesoros expuestos al mundo, aún persisten enigmas no resueltos que despiertan la curiosidad de los arqueólogos y los estudiosos. Este capítulo se sumerge en las incógnitas que rodean al faraón olvidado, explorando las preguntas sin respuesta que continúan intrigando a la comunidad científica.

Desde los misterios en torno a su ascendencia y parentesco hasta las teorías sobre su prematura muerte, los enigmas no resueltos de Tutankamón nos invitan a reflexionar sobre la complejidad de su vida y el papel que desempeñó en la historia del antiguo Egipto. A medida que la tecnología avanza, nuevas herramientas y métodos de investigación ofrecen la esperanza de arrojar luz sobre estos enigmas, revelando aspectos aún desconocidos del reinado del joven faraón.

Este capítulo busca explorar las preguntas que perduran, invitando a los lectores a un viaje de descubrimiento a través de los misterios que aún envuelven a Tutankamón.

Capítulo 12: La Influencia de Tutankamón en la Cultura Popular

La figura de Tutankamón no solo ha resonado en el ámbito académico y arqueológico, sino que también ha dejado su huella en la cultura popular. Desde la literatura y el cine hasta la música y la moda, el faraón olvidado ha inspirado una amplia gama de expresiones creativas que han contribuido a su perdurable relevancia.

Este capítulo explora cómo Tutankamón ha influido en diversas formas de arte y entretenimiento. Desde las novelas de aventuras hasta las películas épicas, el faraón ha sido representado de innumerables maneras, cada una capturando una faceta única de su misteriosa historia. Además, se examinan las referencias a Tutankamón en la música contemporánea y cómo su imagen ha sido utilizada en la moda y el diseño.

La influencia de Tutankamón en la cultura popular es un testimonio de su poder duradero como icono, trascendiendo las barreras del tiempo y resonando en la creatividad humana a lo largo de las décadas.

Capítulo 13: Tutankamón y la Ciencia Forense: Descifrando Misterios Ancestrales

En los últimos años, la ciencia forense ha desempeñado un papel crucial en la exploración de los misterios que rodean a Tutankamón. Desde pruebas de ADN hasta estudios de rayos X, los avances tecnológicos han permitido a los científicos examinar detenidamente los restos del faraón y su entorno, revelando detalles sorprendentes sobre su vida y muerte.

Este capítulo se sumerge en el mundo de la ciencia forense aplicada a la arqueología. Exploramos cómo las técnicas modernas han arrojado luz sobre la salud de Tutankamón, su linaje y las posibles causas de su prematura muerte. Además, examinamos cómo la intersección entre la arqueología y la ciencia forense ha transformado nuestra comprensión de la vida en el antiguo Egipto.

La investigación forense en torno a Tutankamón no solo ha desentrañado los enigmas de su historia personal, sino que también ha contribuido al desarrollo de la arqueología y la medicina modernas. Este capítulo ofrece una mirada profunda a cómo la ciencia ha desempeñado un papel crucial en la reinterpretación de la vida y la muerte del faraón olvidado.

Capítulo 14: Tutankamón en el Siglo XXII: Nuevos Horizontes de Investigación

A medida que nos adentramos en el siglo XXII, el legado de Tutankamón continúa evolucionando. Este capítulo explora las nuevas fronteras de investigación que se abren ante los arqueólogos y científicos. Desde la aplicación de inteligencia artificial en el análisis de jeroglíficos hasta la exploración de tecnologías emergentes, la búsqueda de Tutankamón se expande hacia horizontes antes inexplorados.

Los métodos de excavación y preservación se han sofisticado, permitiendo un estudio más detallado y preciso de la tumba y sus contenidos. La realidad virtual y la realidad aumentada ofrecen a los investigadores y al público en general la oportunidad de sumergirse en la antigua tumba sin estar físicamente presente, abriendo nuevas formas de comprensión y apreciación.

Además, este capítulo destaca la importancia de la colaboración internacional en la investigación arqueológica. Equipos de diversas nacionalidades trabajan juntos, compartiendo conocimientos y tecnologías, para desentrañar los misterios que aún persisten en torno a Tutankamón.

En el siglo XXII, la búsqueda del faraón olvidado continúa, impulsada por la pasión y el compromiso de los arqueólogos y científicos que buscan desentrañar las complejidades de la antigua civilización egipcia.

Capítulo 15: Tutankamón y el Legado Perpetuo

A medida que este relato llega a su cierre, reflexionamos sobre el legado perpetuo de Tutankamón. Su historia, una vez olvidada en las sombras del Valle de los Reyes, ha resurgido con fuerza y ha dejado una marca indeleble en la conciencia humana.

Este capítulo explora cómo Tutankamón, más allá de ser un faraón histórico, se ha convertido en un símbolo duradero. Su imagen adorna camisetas y pósters, su máscara funeraria se replica en joyería de moda, y su nombre sigue siendo sinónimo de misterio y grandeza.

Además, se examina cómo la influencia de Tutankamón trasciende el ámbito de la arqueología, llegando a la educación, la literatura infantil y la cultura pop. La figura del faraón sigue inspirando la imaginación de nuevas generaciones, invitándolas a explorar las maravillas del pasado y a cuestionar el mundo que los rodea.

En el cierre de este relato, nos sumergimos en el legado perpetuo de Tutankamón y reflexionamos sobre cómo su historia, aunque iniciada en la antigüedad, continúa siendo tejida en el tapiz de la cultura humana, dejando una huella que perdura a través de los siglos.

Capítulo 16: El Viaje de Tutankamón en la Memoria Humana

A medida que nos alejamos de las arenas del antiguo Egipto, nos sumergimos en el último capítulo de este relato, explorando el viaje de Tutankamón a través de la memoria humana. Su historia, una vez enterrada en la oscuridad, ha vivido una resurrección asombrosa, pasando de la oscuridad al brillo de la eternidad.

Este capítulo destaca cómo Tutankamón ha dejado una impresión indeleble en la memoria colectiva. Desde los primeros días de su descubrimiento hasta el presente, las generaciones han compartido la fascinación por este faraón olvidado. Su imagen se ha grabado en libros de historia, documentales, obras de arte y las mentes de aquellos que han seguido su intrigante viaje a través del tiempo.

Además, exploramos cómo el faraón ha influido en la percepción del antiguo Egipto en todo el mundo. La herencia de Tutankamón no solo yace en sus tesoros dorados, sino en la forma en que ha conectado a la humanidad con un pasado enigmático, despertando la curiosidad y la admiración.

Capítulo 17: Tutankamón: Un Vínculo con Nuestro Propio Pasado

En este capítulo adicional, nos sumergimos en la conexión más profunda que Tutankamón tiene con nuestra propia historia. A medida que exploramos las maravillas y misterios de su reinado, reconocemos que, de alguna manera, su legado también es nuestro legado.

Este capítulo examina cómo los descubrimientos arqueológicos, como la tumba de Tutankamón, han influido en nuestra comprensión de la humanidad y su evolución. ¿Cómo se reflejan las civilizaciones antiguas en nuestra sociedad contemporánea? ¿De qué manera hemos integrado la lección de la historia de Tutankamón en nuestra propia narrativa colectiva?

A través de esta reflexión final, nos conectamos con el pasado de manera más íntima, reconociendo que la historia de Tutankamón no es solo una ventana al antiguo Egipto, sino también un espejo que nos devuelve la imagen de nuestra propia humanidad a lo largo de los siglos.

Capítulo 18: Tutankamón y el Futuro de la Exploración Arqueológica

En este último capítulo, proyectamos nuestra mirada hacia el futuro de la exploración arqueológica y reflexionamos sobre el legado duradero de Tutankamón en el contexto de los desafíos y oportunidades que aguardan a los arqueólogos del mañana.

Exploramos las innovaciones tecnológicas que podrían transformar la forma en que desenterramos y entendemos el pasado. Desde la aplicación de inteligencia artificial en la interpretación de jeroglíficos hasta la mejora de técnicas de datación, el futuro promete abrir nuevas puertas hacia el conocimiento.

Además, discutimos la importancia de la conservación y la ética en la arqueología del futuro. A medida que la tecnología nos permite descubrir más, también plantea preguntas cruciales sobre cómo preservar y respetar los sitios arqueológicos para las generaciones venideras.

Capítulo 19: Tutankamón y la Educación del Futuro

En este capítulo, exploramos cómo el legado de Tutankamón puede desempeñar un papel fundamental en la educación del futuro. Desde programas de aprendizaje en línea hasta innovadoras experiencias educativas, examinamos cómo las nuevas generaciones pueden conectarse con la historia a través de la figura del joven faraón. También consideramos cómo la educación puede ser una fuerza poderosa para la preservación y el respeto hacia nuestro patrimonio arqueológico global.

Capítulo 20: Tutankamón: Un Puente entre Pasados y Futuros

El último capítulo sirve como cierre, destacando cómo Tutankamón actúa como un puente entre los pasados remotos y los futuros desconocidos. Reflexionamos sobre cómo su historia, desde el descubrimiento hasta el impacto en la cultura moderna, representa la continuidad de la exploración humana y la constante búsqueda de comprensión y conexión con nuestro propio pasado. Este capítulo cierra la obra con una mirada optimista hacia el futuro, reconociendo que el legado de Tutankamón sigue siendo un faro que guía a las generaciones venideras en su exploración del inabarcable paisaje de la historia humana.

www.ingramcontent.com/pod-product-compliance
Lightning Source LLC
Chambersburg PA
CBHW060824260726
48660CB00003B/1084